LE BALET SANS TITRE,

REPRESENTÉ

PAR L'ACADEMIE ROYALE DE MUSIQUE,
le Mardi 28. Mai 1726.

Le prix est de 40. sols.

A PARIS,
Chez la Veuve de PIERRE RIBOU, seul Libraire de
l'Académie Royale de Musique; Quai des Augustins,
à la descente du Pont-Neuf, à l'Image S. Loüis.

M. DCC. XXVI.
Avec Approbation & Privilege du Roy.

ACTEURS CHANTANS
DU PROLOGUE.

L'ITALIE, Mlle Ermans.
Suite de l'Italie.
LA FRANCE, Mlle Lambert.
Suite de la France.
UNE FRANÇOISE, Mlle Souris-L.
APOLLON, Mr Tribou.

ACTEURS DANSANS
DU PROLOGUE.
SUITE DE L'ITALIE.

Monsieur Laval.
Messieurs Dumoulin L. , Esex , Savar.
Mesdemoiselles Pety , Binet , Tiber.

SUITE DE LA FRANCE,

Mademoiseille Menès.
Messieurs Javillier , Dangeville , Tabary.
Mesdemoiselles Lemaire , Goblin , Verdun.

PROLOGUE.

Le Théâtre représente un Jardin borné par la vûë d'une Maison Royale.

SCENE PREMIERE.

L'ITALIE, *suite de l'Italie.*

L'ITALIE.

C'Est ici le brillant séjour,
Où ce Roi, dont le Nom remplit toute la Terre,
Tient son auguste Cour :
C'est ici que, malgré les fureurs de la Guerre,
Il rassemble de toutes parts
Les Muses & les Arts.
Une secrete jalousie
M'a fait douter en vain des beautez de ces lieux.

a ij

Ah ! par le raport de mes yeux,
    Je n'en suis que trop éclaircie.
Je ne suis plus, helas ! cette fiere Italie,
Dont l'Univers tremblant adoroit la grandeur,
Sous le débris des ans elle est ensevelie ;
Et la France à son tour brille de la splendeur
    Que la Fortune m'a ravie.
O vous, qui prenez part au trouble de mes sens
Suspendez par vos Jeux, la douleur que je sens !

UN SUIVANT DE L'ITALIE.

Su la bella navicella di sperenza
Solco il mare di Cupido.

SCENE II.

LA FRANCE *& sa Suite*, L'ITALIE *& sa Suite.*

LA FRANCE.

Quels sons ont éveillé les échos d'alentour !
Quelle nouvelle mélodie !
Est-ce vous, superbe Italie,
Qui faites de vos chants retentir cette Cour ?

L'ITALIE.

Etouffez une injuste haine,
C'est peu que le Heros dont vous suivez les loix,
Ait transporté par ses Exploits,
La gloire des Cesars sur les bords de la Seine ;
En sa faveur le Dieu des Vers
Vous cede le Laurier qui me rendit si vaine ;
Envierez-vous encor à mes doctes Concerts,
L'honneur de plaire à l'Univers ?

LA FRANCE.

Les sons harmonieux que vous faites entendre
Surprennent, il est vrai, l'oreille & les esprits ;
Mais, y voit-on regner ce charme doux & tendre,
Dont le cœur ne peut se défendre ?

a iij

L'ITALIE.

Ecoute-les , juge mieux de leur prix ,
     Divin Pere de l'Harmonie ,
Fai sentir le pouvoir de nos sçavants accords ;
     Du feu de tes ardents transports ,
     Echauffe notre heureux génie.

LE CHOEUR *de la suite de l'Italie.*

Regne sur nos Concerts ; que leurs sons éclatants,
De nos fiers Ennemis , étouffent le murmure.

LA FRANCE.

     Graces , qui prêtez à nos chants
     Cette beauté naïve & pure ,
Que vous puisez au sein de la nature ,
Inspirez-nous vos sons les plus touchants.

LE CHOEUR *de la suite de la France.*

Que le charme flateur de nos tendres accents
     Enchante les Cœurs & les Jeux.

SCENE III.

APOLLON, LA FRANCE, L'ITALIE,
& leurs suites.

APOLLON.

Calmez ces vains débats. Toi Nymphe à qui la Grece
Fit paſſer des beaux Arts & l'honneur & l'amour,
En faveur du Heros qui pour eux s'intereſſe,
Permet que la France à ſon tour
Faſſe éclater leur gloire ;
Et qu'avec toi dans ſes Concerts
Elle partage la Victoire
Sur le reſte de l'Univers.
Signalez en ce jour votre ardeur réünie,
Chantez, redoublez vos efforts ,
Faites triompher l'Harmonie ,
Par le mélange heureux de vos plus doux accords.

UNE SUIVANTE DE LA FRANCE.

Calmez, aimables Chanſonnettes,
Les ſoins des Amants malheureux ;
Sans vous , ſans les tendres Muſettes,
Que deviendront les Bergers amoureux ?

LES CHOEURS.

Signalons en ce jour notre ardeur réünie ,

Chantons redoublons nos efforts ,
Faifons triompher l'Harmonie

Par le mélange heureux de nos plus doux accords.

Fin du Prologue.

LA

LA FILLE.

ACTEURS CHANTANS.

ACASTE, *Capitaine de Vaisseaux*, *Amant de Leonore*,   Mr. Thevenard.
CLEON, *Pere de Leonore*,   Mr. Dubourg.
LEONORE, *Fille de Cleon & de Belise*, Mlle Minier.
BELISE, *Mere de Leonore*,   Mr. Mantienne.
Une Marseilloise,   Mlle Lisarde.
Une Captive,   Mlle Constance.

PREMIER DIVERTISSEMENT.

LA FILLE.

Le Théatre represente le Port de Marseille.

SCENE PREMIERE.

ACASTE, CLEON.

CLEON.

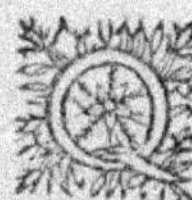

Uelle est donc la beauté dont vous portez
la chaîne ?

ACASTE.

Vous verrez dans peu ses attraits.
L'Amour, pour me blesser a puisé tous ses traits
Dans les beaux yeux d'une inhumaine.
Mais songez à la Fête & me laissez ici
Attendre l'Objet qui m'engage.

A ij

CLEON.

Vous me rendez heureux, vous allez l'être auſſi,
Vos bontez dans Alger m'ont tiré d'eſclavage,
Après dix ans de maux, je revoi ce rivage.

Chere Epouſe en ce jour, quel ſera ton tranſport,
De revoir ton Epoux, quand tu le croyois mort.

SCENE II.

ACASTE *ſeul*.

NE puis-je me flater d'une douce eſperance ?
L'Objet que jaime, helas ! s'oppoſe à mon
bonheur.

Cruelle indifference,
Contre mes feux tu défends trop ſon cœur ;
Le nœud de l'Hymen lui fait peur.

Me puis-je me flater d'une douce eſperance ?
L'Objet que j'aime, helas ! s'oppoſe à mon bonneur.

Mes ſoins, mes ſoupirs, ma conſtance,
Ne peuvent fléchir ſa rigueur,
L'Amour même auroit peine à s'en rendre vainqueur.

Ne puis-je me flater d'une douce eſperance ?
L'Objet que j'aime, helas ! s'oppoſe à mon bonheur.

Attendons un moment pour m'offrir à ſes yeux,
Sa mere doit parler en faveur de mes feux.

SCENE III.
BELISE, LEONORE.

LEONORE une Guittare à la main.

R Ire, danser, chanter, est mon partage;
Sans soins, sans amour, sans desirs,
Point d'hymen, point d'esclavage,
Je ne m'engage
Qu'aux seuls plaisirs.

BELISE.
Acaste est de retour, après un long voyage,
Donnez-lui votre main, couronnez ses soupirs.

LEONORE.
Des plus tendres soupirs l'hymen bannit l'usage,
Rire, danser, chanter, est mon partage.

BELISE.
Depuis que mon époux a quitté ce rivage
Dans les pleurs j'ai passé dix ans.
Sans doute il ne vit plus, votre seul avantage
M'a fait refuser mille Amans.
Voulez-vous perdre ainsi le printems de votre âge?

LEONORE.
L'Hymen cause des soins, ces soins trop importans
Nous font vieillir dès le Printems.

A iij

Rire, danfer, chanter, eft mon partage,
Sans foins, fans amour, fans defirs,
Point d'hymen, point d'efclavage,
Je ne m'engage
Qu'aux feuls plaifirs.

SCENE IV.

ACASTE, BELISE, LEONORE.

ACASTE.

VOs mépris, Leonore, ont-ils fini leurs cours?
Daignez-vous confentir à mon bonheur fu-
prême?
Et verrai-je bien-tôt commencer mes beaux jours?

LEONORE.

De l'Amant voilà les difcours;
Ceux de l'Epoux font-ils de même?

ACASTE.

L'Hymen ne fervira jamais qu'à m'enflâmer.

LEONORE.

Non, l'on ne s'aime plus, dès que l'on doit s'aimer.

BELISE à *Acafte*.

Ne lui faites point violence,
Portez ailleurs des vœux qu'elle n'écoûte pas.

ACASTE.

Que ne puis-je arracher mon cœur à fa puiffance.

BALET.

LEONORE *à Acaste.*

Vous trouverez ailleurs de plus charmans appas.

ACASTE.

O Ciel, à tant d'amour faire tant d'injustice !

BELISE.

Sa legere humeur, ses caprices,
Sur les douceurs d'hymen répandroient le poison :
Si vous voulez goûter d'éternelles délices,
Prenez femme qui soit dans l'âge de raison.

ACASTE *à Belise.*

Je goûte vos conseils, ils finiront ma peine.

LEONORE *à part.*

Quelle honte pour moi s'il sortoit de ma chaîne !

ACASTE.

Que dites-vous ?

LEONORE.

Suivez des conseils généreux.

ACASTE *à part le premier vers.*

Le seul dépit jaloux peut la rendre à mes feux.

Vous me conseillez donc une chaîne nouvelle ?

LEONORE.

Cherchez quelque objet moins rebelle.

BELISE *à Acaste.*

Je sçais la beauté qu'il vous faut,
Elle veut vous charmer, ses yeux brillent encore
Du même feu dont brille Leonore ;
Elle n'en a pas un défaut.

ACASTE.

Montrez - mois sans tarder l'Objet qu'il faut que
j'aime.

BELISE *se montrant.*

Vous la voyez, c'est une autre elle-même.

ACASTE *déconcerté.*

Cachons le trouble affreux dont je suis agité.
Faisons voir pour ma Mere un amour affecté.

à Leonore.

Votre rigueur inhumaine
A trop long-tems éclatté,
Ne poussez pas votre haine
Contre un Amant rebuté,
Jusqu'à traverser la chaîne
Qui fait sa felicité.

ACASTE & BELISE *à Leonore.*

Ne poussez pas trop votre haine
Contre un Amant rebuté,
Jusqu'à traverser la chaîne
Qui fait sa felicité·

LEONORE *s'en allant.*

Sortons, ce que j'entens me cause trop de peine.

SCENE V.

SCENE V.

BELISE, ACASTE.

ACASTE *courant après Leonore.*

Elle fuit....

BELISE.

Laissons-là , ne songez plus qu'à moi,
Je ne m'occupe plus qu'à vous être fidelle,
Hâtons l'heureux instant de vous donner ma foi ,
Vous seriez esclave avec elle ,
De vous je receverai la loi.
Tu seras mon Epoux, mon Souverain , mon Roi.

Consens à de nouveaux soupirs ,
N'aime plus qui te hait, & ne hais point qui t'aime ,
Mon amour sur tes pas conduira les plaisirs ,
C'est assez qu'avec eux , tu me souffres moi-même.

Cleon paroît.

SCENE VI.

CLEON, LEONORE, BELISE, ACASTE,
Troupe de Captifs Algeriens enchaînez ;
Troupe de Matelots Marseillois.

CLEON *appercevant sa femme.*

AH, la Perfide!.... au moins pour former d'autres nœuds
    Attens ma mort, tu n'attendras plus gueres.
BELISE *reconnoissant Cleon.*

Mon Epoux....
          ACASTE *à Leonore.*
          Quoi c'est votre Pere
Que j'ai tiré des fers?.... ah! je suis trop heureux.
          LEONORE *contente.*
    Vous n'épouserez point ma mere.
          ASCATE.
Qui m'y forçoit, helas! c'étoit votre rigueur;
Puis-je être heureux sans vous? non, il n'est pas
  possible.
          Eh! dans cette feinte penible
          Ne lisez-vous pas dans mon cœur?
          CLEON *à Acaste.*
          Que ma Fille envers vous m'acquite,
Et recevez le prix que votre cœur mérite.
          ACASTE *aux Captifs Algeriens.*
Vous à qui ma valeur fit subir l'esclavage,
Je méprise vos liens allez, soyez heureux,
Vous devez ce bonheur à l'Objet qui m'engage,
          Rendez-en grace à ses beaux yeux;

BALET.

Et formez en ce jour les plus aimables Jeûx
Avec les Habitans de ce charmant Rivage.

On ôte les chaînes aux Captifs Algeriens.

Chantez l'Amour , chantez sa gloire ,
Il triomphe d'un Cœur qui méprisoit ses traits.
Chantez , publiez à jamais
Sa nouvelle Victoire.

CHOEUR.

Chantons l'Amour , chantons sa gloire ,
Il triomphe d'un Cœur qui méprise ses traits.
Chantons , publions à jamais
Sa nouvelle Victoire.

Les Captifs Algeriens dansent.

UN ALGERIEN.

Triomphe Amour de la beauté ,
Qui nous rend aujourd'hui la liberté.
Qu'Elle a d'appas !
Qui ne l'aimeroit pas ?
Ses beaux yeux sont vainqueurs
De tous les cœurs ;
Mais à son tour
Elle cede à l'Amour.

Triomphe Amour de la Beauté
Qui nous rend aujourd'hui la liberté.

à Acaste

Vous allez être son Epoux ;
Qu'un sort si doux
Vous fera de jaloux.
Soyez constant ,
Vivez content ,

LA FILLE, BALET.

Que vos desirs
Naissent des Plaisirs.

Triomphe Amour de la Beauté ,
Qui nous rend aujourd'hui la liberté.

Les Marseillois & Marseilloises dansent.

UNE FILLE MARSEILLOISE.

Tout Amant
Comme le vent
Est sujet à changer ,
N'en courons pas le danger.
Tel qui nous rend hommage ,
N'est qu'un volage ,
Défions-nous
D'un vent si doux.

Sur les flots
Point de repos ;
Dans l'empire amoureux
L'on n'est gueres plus heureux.
Qui laisse le rivage
Court au naufrage ,
C'est trop risquer
Que s'embarquer.

CHOEUR.

Chantons l'Amour , chantons sa gloire .
Il triomphe d'un Cœur qui méprisoit ses traits ;
Chantons , publions à jamais
Sa nouvelle Victoire.

LA

L A
COMEDIE
DES
MUSES.

ACTEURS CHANTANS.

GERONTE, *Vieillard Athenien*, Mr. Mantienne.
GERASTE, *Fils de Geronte, amoureux d'Ericine*,
Mr. Tribou.

ERICINE, *Amante d'Eraste, déguisée en Medecin*,
Mlle Ermans.

DIRCE', *Confidente d'Ericine*, Mlle Mignier.
Un Masque, Mlle Souris-L.
Femmes Atheniennes.
Chœurs d'Atheniens.

La Scene est à Athenes.

ACTEURS DANSANS.

BERGERS, BERGERES & PASTRES.

Mademoiselle Prevost.
Mesdemoiselles Pety, Tibert, Duval, Lemaire,
Delisle-C. , Lamartiniere.
Monsieur D-Dumoulin.
Messieurs P-Dumoulin, Dangeville, Savar, Picard,
Maltaire-L. , Esex.

SECOND DIVERTISSEMENT.

LA COMEDIE DES MUSES.

*Le Théatre represente une Place de la Ville d'Athenes,
où est la Maison de Geronte.*

SCENE PREMIERE.

DIRCE', ERICINE *déguisée en Médecin.*

DIRCE'.

Es maux que cause la tendresse
Vont être charmants à souffrir ;
Heureux les cœurs que l'Amour blesse
Si vous daignez les secourir.

ERICINE.
Va, ne ſui plus mes pas.
DIRCE'.

                    Ne puis-je au moins apprendre
Ce que vous prétendez par ce déguiſement ?
ERICINE.
Dircé, j'ignore encor ce que j'en dois attendre,
Heureuſe, s'il pouvoit adoucir mon tourment.
Le pouvoir abſolu d'un pere trop ſevere,
Veut que j'aime Geronte & qu'il ſoit mon Epoux ;
Accablé par les ans, peut-il jamais me plaire ?
Ce n'eſt qu'avec ſon Fils que mon ſort ſeroit doux.
        Je l'aime, une langueur cruelle
Dans un peril mortel vient de jetter ſes jours,
Je feins de ſçavoir l'art auquel on a recours,
Sous ce déguiſément le tendre Amour m'apelle,
Et veut qu'à ſes tourments je cherche du ſecours ?
DIRCE'.
Croyez-vous découvrir ce qui cauſe ſa peine ?
ERICINE.
Je ne me flate point d'une eſperance vaine,
        Cet ornement va me donner
        Un ſçavoir à qui rien n'échape ;
        Souvent le grand art d'Eſculape
        Conſiſte en l'art de deviner :
Eraſte ne peut voir que mon hymen s'aprête
        Sans une mortelle douleur.

                                    Non,

Non, je n'en doute plus je regne fur fon cœur,
Et nous craignons tous deux cette fatale Fête.

DIRCE'.

Tout paroît Amour à nos yeux
Du moment que notre cœur aime;
On trouve une douceur extrême
A croire que l'objet que nous aimons le mieux,
Eft pour nous fenfible de même.
Tout paroît Amour à nos yeux
Du moment que notre cœur aime.

ERICINE.

Laiffe-moi pénétrer fes fentiments fecrets
Son pere n'a point vû mes traits,
Ses yeux ne fçauroient me connoître;
Dircé, l'Amour eft un grand maître,
D'un hymen odieux je romprai les aprêts.

SCENE II.

ERICINE, GERONTE.

Pendant que l'on joüe laRitournelle ils fe font des reverences.

ERICINE.

JE viens vous préfenter & mes foins & mon zele,
A mes heureux fecours on peut s'abandonner.

GERONTE.

Mon Fils est accablé d'une langueur mortelle
C'est pour lui qu'en ces lieux je vous fais amener.

ERICINE.

Mon art trouvera tout possible
Dans l'ardeur de le secourir,
Aux tourments qu'il pourroit souffrir
Je sens déja mon cœur sensible.

GERONTE.

Hâtez-vous de vous signaler,
Pénétrez un secret qu'il veut dissimuler.

ERICINE.

Il a beau garder le silence
Je lis au fond d'un cœur en consultant les yeux,
Mon art est un présent des Dieux
Que je reçus à ma naissance,
Je veux vous faire voir quelle en est la puissance.

Elle fait tourner Geronte.

Arrêtez un moment, tournez les yeux sur moi ;
Quel dessein ?... Qu'est-ce que je vois ?....
D'un hymen en secret vous projettez la Fête.

GERONTE.

Quoi, vous l'avez sçu pénétrer !
Il est vrai mon hymen s'aprête.

ERICINE.

Mon art peut-il rien ignorer ?
Elle le fait encore tourner & le regarde fixement.

Vous ne connoiſſez point cette Epouſe nouvelle
Dont votre eſpoir ſe ſent flaté.

GERONTE.

Le ſort loin de ces lieux m'a longtems arrêté,
Son Pere eſt mon ami fidelle
C'eſt lui qui m'a promis de m'unir avec elle.

ERICINE.

Je vois tous les dangers que vous allez courir,
Par de ſages conſeils je veux vous ſecourir ;
Quel deſir inſenſé vous preſſe,
Dans votre derniere ſaiſon !
Goûtez les fruits de la ſageſſe,
Et les plaiſirs de la raiſon,
Laiſſez l'Amour à la jeuneſſe.

GERONTE.

L'Amour doit toujours nous charmer,
Ses feux ſçavent nous ranimer,
Malgré les ans il faut le ſuivre.
La jeuneſſe toujours doit vivre pour aimer,
Et la vieilleſſe aimer pour vivre ;
L'hymen va me livrer une jeune beauté,
On vante ſa douceur & ſa fidelité.

C ij

ERICINE.

L'espoir d'un prompt hymen force une fille à feindre,
Elle affecte longtems un air aimable & doux,
Dès que l'Amant devient Epoux
Elle ne sçait plus se contraindre.

GERONTE.

Par les soins les plus doux je fixerai ses vœux,
L'âge ne me rend point ni jaloux ni fâcheux.

ERICINE.

Vous n'en aurez pas moins à craindre.
De tout tems l'infidelité
Fut le commun penchant des Belles,
Leur laisser trop de liberté
C'est leur dire d'être infidelles.

GERONTE.

Hé bien, je deviendrai jaloux de ses appas.
Dans une éternelle contrainte
J'observerai par tout ses pas;
Si l'Amour ne la retient pas
Je la retiendrai par la crainte.

ERICINE.

Vous courez un plus grand danger,
Vous prendrez un soin inutile;
Femme qui cherche à se vanger
Ne trouve rien de difficile.

GERONTE.

A prévoir le plus grand danger
L'âge m'a rendu trop habile.

ERICINE.

Femme qui cherche à se vanger
Ne trouve rien de difficile.

GERONTE.

Quel est donc le secret qui peut me rendre heureux ?

ERICINE.

Fuyez l'Hymen, craignez de reprendre ses nœuds.

GERONTE.

Je vois mon Fils. L'Amour m'engage
De lui chercher un prompt secours,
Mettez tout en usage
Pour conserver ses jours.

SCENE III.

ERASTE, GERONTE, ERICINE.

GERONTE.

Vien mon Fils... Pourquoi ce silence ?...
Tu fais de tes tourments croître la violence,
Tu soupires... du moins tourne sur nous les yeux ;
Ce n'est point un homme ordinaire
Que je t'amene dans ces lieux,
Il sçaura découvrir ce que tu veux me taire.

ERASTE *à part en voyant Ericine.*

C'est elle-même ! ô Ciel, que dois-je en esperer !

ERICINE *à Eraste.*

Je voi trop les raisons qui vous font soupirer,
    Cessez de m'en faire un mystere.

ERASTE *à Ericine.*

Ah ! pouvez-vous les ignorer !

GERONTE *à part.*

Rien ne peut échaper à son art admirable.

ERASTE *à Ericine.*

Vous avez pénétré le trouble qui m'accable
Mais vous pouvez m'offrir l'espoir le plus charmant,
C'est de vous que j'attens le secours favorable
    Qui seul peut finir mon tourment.

ERICINE *à Eraste.*

De ce tourment secret quelle fut la naissance ?

ERASTE *à Ericine.*

Par le plaisir des yeux il commença son cours.

ERICINE *à Eraste.*

C'est par ce doux plaisir que commence toujours
Ce mal dont votre cœur ressent la violence.

GERONTE *à part.*

Quel sçavoir surprenant !

ERASTE.

       Je gemis en tous lieux,

Je languis, le sommeil se refuse à mes yeux,
Je n'en sçaurois goûter la douceur agréable ;
Les craintes, les regrets, mille confus desirs....
ERICINE.
Les soins, les troubles, les soupirs
En sont la suite inévitable,
Vous n'êtes pas le seul que ces maux font souffrir.
ERASTE *à Ericine.*
Ils sont moins cruels que les autres.
ERICINE *à Eraste.*
J'en sçais que je dois secourir
Qui souffrent des tourments plus cruels que les
vôtres,
N'aviez-vous point encore éprouvé ces douleurs ?
ERASTE *à Ericine.*
Pour la premiere fois j'en ressens les atteintes.
ERICINE *à Eraste.*
Et c'est ce qui m'engage à dissiper vos craintes,
Je veux terminer vos malheurs.
GERONTE *à Ericine.*
Pour lui de tout votre art employez la puissance.
ERASTE *à Ericine.*
C'est en vous seulement que mon espoir est mis.
GERONTE *à Ericine.*
Vous verrez les effets de ma reconnoissance.
ERICINE *à Eraste.*
Je veux pour toute récompense
Que vous soyez sensible aux soins que j'aurai pris.

ERASTE *à Ericine.*

Ma reconnoissance éternelle....

ERICINE *à Eraste.*

Allez, laissez-nous seuls fiez-vous à mon zéle.

SCENE IV.

ERICINE, GERONTE.

ERICINE.

A Ses jeux par pitié j'ai caché son malheur,
Bientôt vous le verrez expirer de douleur.

GERONTE.

Mon Fils ? qu'entends-je ?

ERICINE.

Il faut vous apprendre un mystere ?
Une jeune beauté possede tous mes vœux.

GERONTE.

Et qu'importe à mon Fils qu'elle sçache vous plaire ?

ERICINE.

Votre Fils en est amoureux.
L'Hymen va pour jamais nous unir de sa chaîne ;
Votre Fils pourra-t'il résister à sa peine ?
Je vais presser sa mort en formant ces doux nœuds.

GERONTE.

Quoi ! mon Fils va périr, vous en seriez la cause,
Ah ! songez aux dangers où l'Hymen nous expose !

ERICINE.

ERICINE.

Le dessein en est pris, je me suis consulté.

GERONTE.

Une Epouse est toujours une charge cruelle,
Lui laisser trop de liberté
C'est lui dire d'être infidelle.

ERICINE.

Rien ne sçauroit me dégager,
Votre conseil est inutile.

GERONTE.

Femme qui cherche à se vanger
Ne trouve rien de difficile.

ERICINE.

Pour sauver votre Fils dois-je vaincre mes feux ?

GERONTE.

Il meritoit un sort heureux.

ERICINE.

Ç'en est trop je ne dois plus feindre
Vous aimez Ericine elle a touché son cœur,
En l'arrachant à son ardeur
Vous avez pour lui tout à craindre.

GERONTE.

Mais cet Hymen faisoit tout mon bonheur.

D

ERICINE.

Votre Fils va périr, vous en serez la cause,
Ah ! songez au danger où l'Hymen nous expose !

GERONTE.

Pour lui je vaincrai mon Amour,
Mais il faut que l'objet qu'il aime
Veüille y consentir à son tour.

ERICINE *en se faisant reconnoître.*

Ne craignez plus rien, c'est moi-même,
Voyez ce que j'ai fait ; le plus doux de mes vœux
Est qu'un tendre Hymen nous unisse.

GERONTE.

Je ne puis trop louer ce charmant artifice.
à Eraste qui rentre sur la Scene.

Vien mon Fils, je sçai tout & veux te rendre heureux.

SCENE V.

ERICINE, GERONTE, ERASTE.

ERICINE & ERASTE.

OUblions notre peine,
Livrons-nous aux plaisirs ;
L'Hymen va combler nos desirs
Que l'Amour en forme la chaîne.

GERONTE.

Par de nouveaux déguisemens
On préparoit pour moi la Fête la plus belle,
Allons avec le même zéle
Célébrer des nœuds si charmants.

*Le Théatre change & représente une Salle
préparée pour des Nôces.*

SCENE VI.

GERONTE, ERASTE, ERICINE, DIRCE', *les*
Parents & les Amis des Mariez qui viennent célébrer
la Nôce.

CHOEUR.

JOüiſſez des plaiſirs que l'Hymen vous aprête,
  L'Hymen a peu de jours heureux,
  Il n'a de charmant que la Fête
  Qui ſert à célébrer ſes nœuds.

Les Femmes de la Nôce viennent donner des conſeils
au Marié.

PREMIERE FEMME à *Eraſte.*

  Que d'un nœud charmant
  L'Hymen vous engage,
  Demeurez Amant
  Dans le Mariage ;
  Si l'Hymen pour vous
  A de dures chaînes,
  Qui cauſe ſes peines
  C'eſt ſouvent l'Epoux.

CHOEUR.

  Qui cauſe ſes peines
  C'eſt ſouvent l'Epoux.

DEUXIE'ME FEMME.

L'Epoux prend plaisir
A se faire craindre,
Il n'a de desirs
Que de nous contraindre;
Par des soins plus doux
L'Amant nous engage,
Qui fait le volage
C'est souvent l'Epoux.

CHOEUR.

Qui fait le volage
C'est souvent l'Epoux.

TROISIE'ME FEMME.

L'Epoux dans ses nœuds
N'a plus de tendresse,
Il se rend fâcheux
Il gronde sans cesse;
L'Amant près de nous
Conte la fleurette,
Qui fait la coquette
C'est souvent l'Epoux.

CHOEUR.

Qui fait la coquette
C'est souvent l'Epoux.

QUATRIE'ME FEMME.

L'Epoux veut devoir
L'ardeur de notre ame
A son seul pouvoir
Jamais à sa flâme ;
L'Amant est pour nous
Soumis , plein de zéle ,
Qui fait l'infidelle
C'est souvent l'Epoux.

CHOEUR.

Qui fait l'infidelle
C'est souvent l'Epoux.

DIVERTISSEMENT ITALIEN.

ERICINE & ERASTE.

CH'io viva senza té
Possibile non é.

ERICINE.

Prende del tuo sen
A limento il mio cor
E dal bel seren
Si monstra grand'amor.

ERICINE & ERASTE.

Ch'io viva senza té
Possibile non é.

BALET.

IMITATION.

ERICINE & ERASTE.

Que je vive sans vous aimer,
Non, non, il ne m'est pas possible.

ERICINE.

Le feu qui rend mon cœur sensible
Trouve dans votre sein de quoi se ranimer,
Votre tendresse encor sert à mieux m'enflâmer.

ERICINE & ERASTE.

Non, non, il ne m'est pas possible
Que je vive sans vous aimer.

CHOEUR.

Tutti lieti festeggiate
Sû venite sû volate.
A bel gioco
A bel foco.
Ondé a more
Arde il core.
Tutti lieti festeggiate
Sû venite sû volate.

IMITATION.

Livrez-vous à la joye & goûtez les douceurs
De nos Fêtes nouvelles,
Venez, volez aux yeux, aux ardeurs mutuelles
Dont l'Amour embrase les cœurs ;
Livrez-vous à la joye & goûtez les douceurs
De nos Fêtes nouvelles.

SCENE DERNIERE.

Le Théatre change & représente le Parnasse.

MOMUS, LES MUSES.

MOMUS.

MUses, suivez toujours cette ardeur pour la
gloire,
Décider entre vous ce seroit l'arrêter :
Par le desir de la victoire,
Je veux toujours vous exciter.

Fin du Balet des Muses.

LA
VENITIENNE,
COMEDIE.

A

ACTEURS CHANTANS.

LEONORE, Mlle Antier.
L'OCTAVE, Mr. Murayre.
ISABELLE *déguisée en Venitien*, Mlle. Lambert.
ZERBIN, Mr. Cuvilier.
SPINETTE.
Troupe de Masques.

ACTEURS DANSANS.

MASQUES DE DIFFERENTS CARACTERES.

Monsieur Blondy, Mademoiselle Delisle-L.
Monsieur Tabary, Mademoiselle Duval.
Monsieur Maltaire-L., Mademoiselle Corbon.
Monsieur Maltaire-C, Mademoiselle Pety.
Monsieur Savar, Mademoiselle Verdun.
Monsieur Esex, Mademoiselle Binet.
Monsieur Picard, Mademoiselle Thibert.

TROISIEME DIVERTISSEMENT.

LA VENITIENNE,
COMEDIE.

Le Théatre represente un Appartement préparé
pour un Bal.

SCENE PREMIERE.
LEONORE.

Uand je revoi l'objet de mes Amours
Le tems s'enfuit d'une vîtesse extrême :
Mais helas ! il suspend son cours
Quand je ne voi plus ce que j'aime,
O tems, servez mieux nos desirs !
Réparez de l'Amour les rigueurs inhumaines ;
Arrêtez-vous pour fixer ses plaisirs,
Volez pour abréger ses peines.

A ij

SCENE II.
LEONORE, OCTAVE.

OCTAVE.

Vous rêviez seule en ce séjour,
La solitude invite à l'amoureuse flâme ;
Ne craignez-vous point que l'Amour
Ne prenne ces moments pour surprendre votre ame ?

LEONORE.

Il me livre de vains combats,
Avec votre secours c'est en vain qu'il me presse,
Mon cœur brave tous ses appas
Et je ne crains point qu'il me blesse.

OCTAVE.

Craignez, craignez qu'il ne vous blesse pas,
L'Amour seul peut nous satisfaire,
Sans lui rien ne peut nous charmer ?
Le premier plaisir est d'aimer
Et le plus sensible est de plaire.

LEONORE.

L'Amour coûte trop de soupirs,
On se plaint, on languit dans ses plus douces chaînes ?

Il n'eſt jamais ſans deſirs
Et les deſirs ſont des peines.

OCTAVE.

Ceſſez , ceſſez de craindre , aimez à votre tour ,
Les deſirs des Amants ſont plus doux qu'on ne penſe,
Les plaiſirs de l'indifference
Ne valent pas les peines de l'Amour.

LEONORE.

Pourquoi donc en m'aimant vous plaignez-vous
ſans ceſſe ?
Vous êtes trop heureux de ſouffrir ſous ma loi.
Vous aimez, je fui la tendreſſe ,
Vous ne devez plaindre que moi.

OCTAVE.

Vous inſultez cruelle aux maux que vous me faites.
N'importe , ingrate que vous êtes,
Connoiſſez de l'Amour quel eſt tout le pouvoir ;
En vain vous m'outragez ſans ceſſe ,
Je ſens que vos rigueurs irritent ma tendreſſe ,
Je fais tout mon bonheur du plaiſir de vous voir ,
Je ne puis vaincre ma foibleſſe ,
Je ne puis même le vouloir.

ISABELLE *maſquée paroît avec une troupe de Maſques.*
LEONORE *à part.*

L'objet qui m'a charmé vient de fraper mes yeux.
Eloignons un moment ſon Rival de ces lieux.

à Octave.

Octave allez vous-même avertir Isabelle.

OCTAVE.

Eh , pourquoi voulez-vous quelle soit de ces Jeux ?

LEONORE.

Allez , vous dis-je, je le veux ,
Et ne revenez pas sans elle.

OCTAVE *à part.*

Quels soupçons viennent m'agiter ?
Demeurons, & sçachons s'il s'y faut arrêter.

SCENE III.

ISABELLE *masquée & déguisée en Venitien.*

LEONORE , OCTAVE.

ISABELLE.

JE vous revois enfin aimable Leonore ,
Que de nouveaux attraits ! que mes yeux sont
charmez !

LEONORE.

Helas! vous m'assurez toujours que vous m'aimez ,
Et je n'ai pû vous voir encore.

ISABELLE.

Je perdrois votre cœur pour contenter vos yeux ,
Vous m'en aimeriez moins si vous me voyiez mieux.

LEONORE.

Que dites-vous ingrat ? ces injustes allarmes
    Vous obligent à vous cacher.

ISABELLE.

J'aurois en vain les plus aimables charmes,
    Ils pourroient ne vous pas toucher,
C'est par ma seule ardeur que je prétends vous
    plaire.

LEONORE.

Vos refus ne font voir qu'une ardeur bien legere.

ISABELLE.

    Mon cœur brûle de mille feux,
La constance & l'amour y triomphent ensemble ;
    Non, dans tout l'Empire amoureux
Vous ne trouverez point d'Amant qui me ressem-
    ble :
Mais si mon cœur est tendre il n'est pas moins ja-
    loux ;
Je crains qu'Octave un jour ne vous fléchisse,
Il vous rend mille soins...

LEONORE.

        Je les méprise tous.

ISABELLE.

N'importe, son amour m'est un cruel supplice.
Ah ! cachez à ses yeux les beautez que je vois ;
Eteignez son amour pour bannir mes allarmes,
    Moins il vous trouvera de charmes
    Et plus vous en aurez pour moi.

LEONORE.

N'êtes-vous pas le seul de qui l'ardeur m'enchante?
Tout autre amour m'est odieux.
Je voudrois être encor mille fois plus charmante
Mais je voudrois ne l'être qu'à vos yeux.

ENSEMBLE.

Suivons l'Amour qui nous appelle,
Qu'il enchaîne nos cœurs de ses nœuds les plus
beaux,
Que notre ardeur soit éternelle,
Et nos plaisirs toujours nouveaux.

OCTAVE.

Ah! ç'en est trop, je cede à cette offense!

à Leonore.

Inhumaine quel prix reçoi-je de mes vœux?
C'est donc là cette indifference
Que vous opposiez à mes feux?
Malheureux quelle erreur avoit séduit mon ame,
Je pressois votre cœur de se laisser charmer,
Tandis que le cruel qui dédaignoit ma flâme
Ne sçavoit que trop bien aimer.

LEONORE.

Vous voyez une ardeur que je voulois vous taire,
La raison doit vous dégager.

OCTAVE.

Ah! l'Amour dans mon cœur fait place à la colere;
Je ne vous perdrai pas du moins sans m'en vanger.

ISABELLE.

ISABELLE.

Calmez la fureur qui vous guide,
Peut-être qu'Isabelle est cachée en ces lieux,
Ne rougiriez-vous point de montrer à ses yeux
Ce desespoir perfide.

OCTAVE.

Quoi, mon Rival ose encor m'insulter?

ISABELLE.

Crain que je n'ose davantage.

OCTAVE.

O Ciel!

LEONORE à ISABELLE.

Cessez de l'irriter.

ISABELLE.

Non, ses feux me font trop d'outrage.

OCTAVE & ISABELLE.

Tremble crain l'Amour en courroux?
Tremble crain ma jalouse rage?

LEONORE.

Cruels, à quels transports vous abandonnez-vous?

OCTAVE.

Ingrat, c'est lui seul qui cause vos allarmes,
C'est pour lui que coulent ces larmes;
Ah! vangeons-nous, brisons un funeste lien;
De son sang odieux voyez rougir mes armes,
Et pleurez son trépas où joüissez du mien.

F

ISABELLE *ôtant son masque d'une main & de l'autre tirant son poignard.*

Connoi-moi donc perfide, & frape si tu l'oses.

LEONORE & OCTAVE.

Que voi-je !

LEONORE.

Amour, à quels maux tu m'exposes !

Elle sort.

SCENE IV.
OCTAVE, ISABELLE.

ISABELLE.

Qui te retien, ingrat, sui ton ressentiment,
   Sois mon vainqueur ou ma victime,
Que l'un de nous perisse en ce moment,
   Perfide, vien combler ton crime
   Ou recevoir ton châtiment.

OCTAVE.

Je ne puis revenir de mon étonnement.

ISABELLE.

J'ai touché l'objet qui t'enchante,
Sous ce déguisement j'ai traversé tes vœux ;
Mais je sens malgré moi ma colere mourante,

Cesse de m'offenser, reprens tes premiers nœuds;
Ne vois en moi qu'une fidelle Amante,
N'y vois plus de rival heureux.
Laissez-toi vaincre à ma constance,
Laisse à mes tendres feux rallumer ton ardeur.
Mes larmes, mes soupirs sont toute ma vangeance,
Vois l'Amour dans mes yeux redemander ton cœur,
Qu'au moins la pitié t'attendrisse.
Mais helas! ton mépris comble encor mes malheurs.
Quoi! se peut-il que rien ne te fléchisse?
Tu me plains un regard.

OCTAVE.

Je vous cache mes pleurs,
Tant d'Amour touche enfin mon ame;
Plus charmé que jamais je tombe à vos genoux,
Accordez le pardon d'une infidelle flâme
A celle que mon cœur sent renaître pour vous.

ISABELLE.

Cher Octave!

OCTAVE.

Isabelle!

ENSEMBLE.

Helas!
Puis-je esperer que vous m'aimiez encore?

ISABELLE.

Cher Octave!

OCTAVE.

Isabelle ?

ENSEMBLE.

Helas !
Tout vous dit que je vous adore.

ISABELLE.

Mes larmes.

OCTAVE.

Mes regrets.

ISABELLE.

Mes soupirs.

OCTAVE.

Vos appas.

ENSEMBLE.

Tout vous dit que je vous adore.

OCTAVE.

J'ai sçu que dans cet antre où m'a conduit ma
flâme
Votre voix m'a tantôt rappellée sous vos loix,
Ce qu'a commencé votre voix
Vos yeux l'achevent dans mon ame.

ISABELLE.

On vient, que cette Fête aura d'attraits pour moi !
Je lui dois le bonheur de vous voir sous ma loi.

SCENE DERNIERE.

OCTAVE, ISABELLE, ZERBIN, SPINETTE,

Troupe de Masque.

CHOEUR.

Loin de nos Jeux importune Sagesse
Ne troublez point un si beau jour,
Accourez aimable jeunesse,
Amenez les Ris & l'Amour.

On danse.

ISABELLE.

D'un infidele enfin j'ai rallumé la flâme,
Et jamais le bonheur de regner dans son ame
    N'avoit tant flaté mes desirs ;
Amour, s'il eût été plus constant dans mes chaînes,
J'ignorerois encor tes plus cruelles peines,
Mais mon cœur n'auroit pas goûté tous tes plaisirs.

SPINETTE & ZERBIN.

Notre jeunesse
S'enfuit sans cesse,
N'en perdons pas les précieux instants ;

N'aimons que pour rire,
Point de martyre,
Dans nos liens soyons toujours contents ;
Des traits de l'Amour ne craignons point l'atteinte,
Mais qu'il nous les laisse choisir :
Fuyons la contrainte
La jalouse crainte,
Un cœur doit n'aimer que pour son plaisir.

AIR ITALIEN.

Far falletta senza core
Vo' girando intorno' allume
Per amor che m'infiammo
E d'amor col dolce ardore
Col m'aeecte il mio bel nume
Che la pace m'involo.

Da capo.

F I N.

PRIVILEGE DU ROY.

LOUIS par la grace de Dieu Roi de France & de Navarre : A nos amés & feaux Conseillers les gens tenant nos Cours de Parlement, Maîtres des Requêtes ordinaires de notre Hôtel, Grand Conseil, Prevôt de Paris, Baillifs, Senechaux, leurs Lieutenans Civils, & autres nos Justiciers qu'il appartiendra, Salut. Les Sieurs Besnier Avocat en Parlement, Chomat, Duchesne, & de la Val de S. Pont, Bourgeois de notre bonne ville de Paris, Nous ont fait remontrer, qu'en consequence de l'Arrêt de notre Conseil du 12. Decembre 1712. du Traité fait entre eux & les Sieurs de Francine & Dumont le 24 desd. mois & an, & de nos Lettres Patentes du 8 Janvier ensuivant, confirmatives du Traité, ils auroient acquis le Privilege de faire representer les Opera durant le tems de vingt années, à compter du 10. Aout 1712. ainsi que le Privilege de la vente des Paroles desd. Opera, lesquelles ils desireroient faire imprimer pour les donner au Public, s'il Nous plaisoit leur accorder nos Lettres de Privilege sur ce necessaires. A CES CAUSES desirant favorablement traiter les Exposans, attendu les charges dont l'Académie Royale de Musique se trouve oberée, & les grandes dépenses qu'il convient de faire tant pour l'impression que pour la gravûre en taille-douce des Planches dont ce Livre sera ornés, Nous leur avons permis & permettons par ces Presentes de faire imprimer & graver les Paroles & la Musique de tous lesd. Opera, qui ont été ou qui seront representez par l'Académie Royale de Musique, tant separément que conjointement, en telle forme, marge, caractere, nombre de volumes & de fois que bon leur semblera, & de les faire vendre & debiter par tout notre Royaume pendant le tems de dix-neuf années consecutives, à compter du jour de la date desdites Presentes. Faisons défenses à toutes personnes, de quelque qualité & condition qu'elles puissent être, d'en introduire d'impression étrangere dans aucun lieu de notre obéissance, & à tous Imprimeurs, Libraires, Graveurs, & autres, d'imprimer, faire imprimer, vendre, faire vendre, debiter, ni contrefaire lesdites impressions, planches & figures, en tout ni en partie, sans la permission expresse & par écrit desdits Sieurs Exposans, ou de ceux qui auront droit d'eux, à peine de confiscation des Exemplaires contrefaits, de six mille liv. d'amende contre chacun des contrevenans, dont un tiers à Nous, un tiers à l'Hôtel-Dieu de Paris, l'autre tiers ausdits Sieurs Exposans, & de tous dépens, dommages & interêts, à la charge que ces Presentes seront enregistrées tout au long sur le Registre de la Communauté des Imprimeurs & Libraires de Paris, & ce dans trois mois de la date d'icelles ; que la gravûre & impression desdits Opera sera faite dans notre Royaume & non ailleurs, en bon papier & en beaux caracteres, conformement aux Reglemens de la Librairie, & qu'avant de les exposer en vente il en sera mis deux Exemplaires dans notre Bibliotheque publique, un dans celle de notre Château du Louvre, & l'autre dans celle de notre tres-cher & feal Chevalier Chancelier de France le Sieur Phelypeaux, Comte de Pontchartrain, Commandeur de nos Ordres, le tout à peine de nullité des Presentes, du contenu desquelles vous mandons & enjoignons de faire joüir lesd. Sieurs Exposans, ou leurs ayant cause, pleinement & paisiblement, sans souffrir qu'il leur soit fait aucun trouble ou empêchement. Voulons que la copie desdites Presentes, qui sera imprimée au commencement ou à la fin desd. Opera, soit tenuë pour duëment signifiée, & qu'aux copies collationnées par l'un de nos amés & feaux Conseillers & Secretaires foi soit ajoûtée comme à l'Original. Commandons au premier notre Huissier ou Sergent de faire pour l'execution d'icelles tous Actes requis & necessaires, sans demander autre permission, & nonobstant Clameur de Haro, Charte Normande & Lettres à ce contraires : Car tel est notre plaisir. Donné à Versailles le 20. jour d'Aout l'an de Grace 1713 & de notre Regne le soixante-onziéme. Par le Roi en son Conseil signé BESNIER avec paraphe, & scellé.

Nous avons cedé à M. Ribou le present Privilege suivant le Traité fait avec lui le 17. Juillet dernier 1712. A Paris le 2. Aout 1713. Signé BESNIER.

Registré sur le Registre avec la Cession, n. 3. de la Communauté des Libraires & Imprimeurs de Paris, page 648. n. 741. conformement aux Reglemens, & notamment à l'Arrêt du 8. Aout 1703. Fait à Paris ce 11. Septembre 1713. L. JOSSE, Syndic.

A PARIS. De l'Imprimerie de J. B. LAMESLE, ruë des Noyers. 1726.